MEMOIRES
DU CHEVALIER
D'ERBAN.
SECONDE PARTIE.

A LONDRES,

Et se trouve à Paris,
Chez DUCHESNE, Libraire, rue Saint
Jacques, au-dessous de la Fontaine
S. Benoît, au Temple du Goût.

M. DCC. LV.

MEMOIRES
DU CHEVALIER
D'ERBAN.

SECONDE PARTIE.

MA premiére résolution avoit été de m'embarquer sans écrire davantage au Château de Salvins dont l'idée seule détruisoit à chaque instant les engagemens sacrés que m'avoit fait prendre la Mere de Lucide. Cependant je craignois de montrer encor par mon silence même trop de foiblesse à cette Mere respectable. Je voulus lui écrire & renfermer dans sa lettre un billet à sa fille, qui ne respirât que les sentimens d'amitié auxquels je m'étois voué. Quels efforts il fallut me faire ! Qu'il est difficile d'arrêter son cœur & de l'asservir à un langage qu'il n'inspire pas ! Je crus pourtant y avoir réussi ; mais je fus bientôt instruit par une réponse de Mad. de Salvins, qu'elle n'avoit pû montrer à Lucide que quelques endroits de mon billet, & que j'allois apprendre par une lettre à laquelle à la vérité elle avoit quelque part ; mais où Lucide ne désaprouvoit rien du tout, comment l'amitié devoit s'expliquer. Voici cette lettre.

LETTRE

DE MADEMOISELLE DE SALVINS
A U
CHEVALIER D'ERBAN.

JE vois trop Monsieur le Chevalier par les précautions de ma bonne Maman de ne me faire lire qu'une partie de votre Billet qu'il n'est pas conforme à ce que vous lui devez aussi bien qu'à moi, & à votre parole. Ignorez-vous que l'amitié entre des personnes de notre âge & d'un sexe différent est soumise à des bienséances délicates & nécessaires ? Comme Ami vous devez m'être cher ; c'est-à-dire, que je dois m'intéresser à tout ce qui vous regarde . faire des vœux pour votre bonheur , être sensible à tous vos succès : attendez toujours de moi ces sentimens; mais n'oubliez plus de grace & nos engagements & nos devoirs.

Je suis, &c.   A iij

La lecture de cette lettre me pénétra de honte & d'une espéce de dépit qui me fit trop sentir combien je devois encor me déffier de moi-même. Que peuvent donc esperer les hommes de leurs sages résolutions ? (me disois-je) Que n'ai-je point dit, que n'ai-je point fait contre mon cœur ? Et cependant il murmure, il ose s'offencer de l'indifférence de Lucide ; mais (ajoûtois-je avec plus de foiblesse encor) où vois-je cette indifférence ? Dans une lettre tracée par une main que conduisoit la crainte ? Non Lucide n'est point aussi indifférente que sa Mere l'a forcée de le paroître.... Non mais pourquoi veux - je la juger sur moi - même ? Pourquoi mon infamie que j'ai découverte à ses yeux ne les auroit - elle pas fermés sur moi ? Cette derniere idée à laquelle la funeste scituation

d'efprit où j'étois, m'attacha davantage, me rendit le plus malheureux de tous les hommes.
La honte eft fans doute de leurs
maux le plus cruel, je fermois les
yeux, & femblois repouffer loin
de moi toute la nature devant qui
je croiois avoir à rougir. Le dirai-
je? La haine que je conçus pour
moi-même ne me préfenta que
d'affreufes extrêmités, ma vie me
parut odieufe, & je voulus mourir.

Déja je jettois la vûe fur les armes qui pouvoient fervir à mon
cruel projet, lorfque Foreftier
vint m'annoncer la vifite de Mr.
du G.... T.... Chevalier (me dit-
il en entrant) je viens vous ap-
porter le reméde infaillible aux
folies qui vous paffent par la tête.
A l'abfence fecrette que vous venez de faire, à la trifteffe que je
vous vis hier j'ai jugé que vous

A iv

étiez encore auffi amoureux que vous le parutes à votre premiére Campagne. La paix qui vient de fe conclure à *Rifwich* va vous donner le funefte loifir de vous laiffer confumer tout à fait : m'en croirez-vous ? Profitez d'une occafion que je viens vous offrir pour quitter un pays où vous vivez malheureux.

Par le traité figné avec la Hollande nous rentrons en poffeffion de l'établiffement que nous avions à *Pondicheri*. Deux vaiffeaux vont partir, je puis vous y faire employer utilement. Parlez, aurez-vous le courage de feconder l'envie que j'ai de vous rendre à vous-même ? Oui Monfieur (lui répondis-je) foyez le maître de mon fort ; vous me fervez bien plus encore que vous ne croyez. Eh bien, de ce moment (dit-il) je vais employer & mon crédit & mon amitié pour vous : vous me devrez & la liberté de votre ame & peut-être votre fortune.

Ce dernier objet, j'ose le dire, fut le seul qui ne m'occupa point lorsque M. du G... T... m'eut laissé dans mon appartement. L'idée de m'éloigner du Château de Salvins suffisoit à ma scituation, je consentis à vivre, pourvû que ce fût à deux mille lieues d'un pays où j'avois éprouvé tant de malheurs.

J'écrivis plusieurs fois avant de partir à Mad. de Salvins & à sa fille, mais sans envoyer aucune de mes lettres que je brûlois toujours après les avoir fermées : Enfin je me vis en mer sans avoir instruit M. de Salvins lui - même du nouveau parti que j'embrassois.

Quelques dispositions que m'avoit connues M. du G... T... pour

A v

le Génie l'avoient déterminé à
demander pour moi une place
qu'il me croioit digne de remplir,
& l'on avoit tout accordé à fes
follicitations. Je fus affez heureux
pour paffer même fes efperances
à cet égard ; car du côté de la fortune & de ma guérifon je me trouvai au bout de dix-huit mois de
fejour à *Pondicheri*, à peu près au
même point où j'étois à mon arrivée. Lucide n'étoit point fortie
de mon cœur malgré l'éloignement prodigieux où j'étois d'elle.
J'ignorois les malheurs affreux
qu'elle avoit éprouvés depuis
mon abfence , & bien loin de
penfer qu'elle fût encore plus à
plaindre que moi, ma cruelle
imagination me la préfentoit fans
ceffe dans de nouveaux liens que
je l'accufois d'avoir formés fans
peine, & qui devoient m'en priver pour jamais.

Le Chevalier *Martin* qui avoit
été rétabli dans ſon Gouvernement & avec qui je vivois dans la
plus grande intimité m'avoit chargé de quelques affaires pour *Ma-*
dras. A peine deſcendois-je à ce
comptoir, que je remarquai parmi les gens qui étoient ſur la pla-
ge, une figure qui me frappa ſin-
guliérement. Plus j'en approchois
plus l'exacte reſſemblance ſe dé-
veloppoit, & l'étonnement dont
je vis bientôt cette même perſonne ſaiſie à mon aſpect, ne me
permit plus de douter que ce ne
fût ce cruel Ennemi que je n'a-
vois jamais pû haïr, puiſqu'il étoit
fils de mes Bienfaicteurs & frere
de Lucide.

Mon premier mouvement me
fit voler à lui. Quoi ! C'eſt vous ?
(lui dis-je.) Ah Salvins ! Vous à
Madras ? Si loin de votre famille ?
Quel deſtin vous en a donc arra-

ché ? La source de tous les malheurs & de tous les crimes (me répondit-il) l'Amour : j'ignore ce que le Ciel veut encore de moi, en me faisant rencontrer quelqu'un qui sera peut-être assez généreux pour avoir pitié de l'état horrible dans lequel je suis ici ; mais il sçait que dans mon désespoir, je n'implorois plus ses secours. Vous me faites fremir (lui répondis-je) : vos malheurs ne sont point sans reméde, attendez tout de moi. Je veux rentrer dans votre cœur & en effacer mon ancienne barbarie.

Je fus un peu étonné que Salvins n'eût rien à me répondre à cet égard ; mais les soupirs profonds qu'il poussoit de moment en moment me persuaderent qu'il n'étoit point assez à lui-même pour faire attention à ce que je venois de lui dire ; je le priai de

me permettre d'aller au Gouvernement m'acquitter de la négociation dont j'étois chargé, & il
me donna sa parole de m'attendre
au même endroit où nous étions
alors.

Quoique la demande que j'a-
vois à faire fût fondée sur le droit
& la justice, j'eus tout lieu d'esperer qu'elle ne feroit pas grande
difficulté, & je me hatai d'aller
rejoindre le fils infortuné du
Marquis de Salvins.

Un torrent de larmes couvroit
son visage lorsque je m'aprochai
de lui ; je sentis couler les mien-
nes, & après avoir fait quelques
efforts pour tranquiliser un peu
son esprit ; voici ce qu'il me con-
tâ de ses malheureuses aventures.

HISTOIRE
DU JEUNE
DE SALVINS.

QUELQUE tems après que vous eutes quitté le châ-teau de Salvins, mon Pere voulut m'en éloi-gner aussi & me faire prendre le parti des armes, vers lequel j'a-vois toujours paru pencher ; mais il ne prévoyoit point les obsta-cles que mon cœur y devoit ap-porter ; il ignoroit la funeste pas-sion dont j'étois rempli , & son étonnement ne peut fe comprendre lorfque je lui propofai de ne point encore me feparer de lui.

Vous avez oui parler du Baron de V.... notre voifin, vous vous rappellez fans doute tout ce qu'on nous racontoit quelquefois de fes mœurs, de fes injuftices & de fa tyrannie. Le fort voulut me lier avec cet homme qu'en naiffant on m'avoit appris à méféftimer.

Il avoit une fille nommée Céliane en qui je trouvai dès la premiére fois que je la vis, tout ce qu'il falloit pour enyvrer mon cœur. Je foupirai, on parut m'entendre, on m'écouta bientôt & les conditions qu'on mit à mon bonheur furent celles que je fouhaitois le plus, puifqu'elles devoient m'unir pour jamais à ce que je croiois de plus parfait, de plus adorable dans le monde.

Mes fréquentes vifites chez le

Pere de Céliane m'attirerent de cruels orages de la part de Monsieur & de Madame de Salvins. On fit de nouveaux efforts pour le rendre l'objet de mon mépris; mais mon Amante lui devoit le jour, & je crus ne voir dans les portraits qu'on me faisoit du Baron, qu'une inimitié trop ordinaire entre des Seigneurs voisins que des raisons d'interêt avoient forcé de plaider pendant plusieurs années.

Céliane même n'étoit point épargnée, on soupçonnoit ses mœurs & sa conduite, & j'avoue qu'à cet égard il a fallu plusieurs fois que le respect que j'avois pour mes Parents fût bien fort pour soutenir cette épreuve.

Les menaces de mon Pere & tous les Surveillants dont il me faisoit entourer pendant la journée m'avoient réduit à ne pou-

voir aller que là nuit à la terre du
Baron. J'avois une clef de la porte du parc qui touchoit presque
au sien comme vous sçavez. Je
profitai quelque tems de cette
facilité ; mais la rencontre que je
fis une fois d'un Voleur dont je
crois avoir terminé les jours à la
porte du bois, gâta malheureusement tout. J'eus l'indiscré-
tion de me vanter le lendemain
de ma petite victoire, & d'en donner même des preuves en faisant
voir mon épée encore sanglante ;
l'aventure tourna contre moi, car
elle servit de preuve à mon Pere
que je sortois du Château la nuit
& l'on ne douta pas que ce ne
fût pour aller voir Céliane.

Ma Mere en fut tout à coup
dans un état affreux , & il n'y a
point d'excès où mon Pere ne fit
serment de se porter si je ne quit-
tois pas dans peu la Province pour

embrasser un état qu'il avoit peu regretté, mais qu'il trouvoit être le seul qui pût me convenir.

Je l'avouerai, ma résistance fut cette fois moins respectueuse qu'elle n'avoit été jusqu'alors, & j'osai dire à mon Pere qu'il pouvoit se porter à quelque extrêmité qu'il voulût, mais qu'il étoit inutile d'esperer que je quittasse l'aimable Céliane à qui j'avois donné mon cœur pour jamais. A ce mot je le vis entrer dans une fureur dont j'évitai prudemment les suites, mais je fus bientôt instruit par un de ses Domestiques que j'avois gagné, qu'il s'étoit déterminé à écrire en Cour sur le champ pour obtenir un ordre qui lui répondît de moi dans un lieu sûr.

Je courus au Château du Baron de V.... je vis Céliane, je lui contai tout ; la crainte de perdre ma liberté me rendit éloquent,

& je l'eus bientôt déterminée à passer dès le lendemain dans le Pays étranger, où nous ne manquerions pas d'obtenir de nos Parents des conditions favorables à notre Amour. Le Baron lui-même à qui sa haine pour mon Pere autant que l'intérêt de sa fille fit aisément approuver nos projets, se chargea de tout disposer pour notre départ.

De retour au Château de Salvins pour y passer une derniére nuit, je songeai aux moyens de pouvoir subsister en Angleterre où nous avions dessein d'aller, & me rappellant que ma Mere laissoit ses Pierreries dans un cabinet où je pourrois pénétrer sans bruit, je tentai cette voye qui me réussit à merveille ; je reconnus très-bien quoiqu'à tatons le coffret dépositaire de tout ce qu'elle avoit de plus précieux, & muni de cet-

te indigne , mais importante reffource ; je dis adieu, quoiqu'en
tremblant , au Château de mes
Peres.

Tout étoit déja prêt pour notre départ lorsque j'arrivai chez le
Baron, qui après avoir embraffé
fa fille & moi, m'avertit de n'ê-
tre point furpris fi j'apprenois dans
la fuite qu'il traitoit cette affaire
d'enlevement;parce que les pour-
fuites qu'il feroit à cet égard fe-
roient peut-être le moyen le plus
infaillible de mettre mon Pere à
la raifon.

Arrivés à Dunkerque avec toute la vîteffe imaginable,nous trou-
vames un bâtiment prêt à mettre
à la voile ; nous faififfons avide-
ment cette occafion , & nous ar-
rivons bientôt à Londres , livrés à
nous mêmes , & parconféquent à
l'inexpérience la plus complette
des chofes de la vie.

Céliane aimoit le faſte, j'aimois
à plaire à Céliane & je n'épargnai
rien pour prévenir tous ſes goûts.
Nous vivions comme des gens
dont la fortune étoit la mieux éta-
blie. Tous les jours quelque connoiſſance agréable , & tous les
jours ſurcroît de plaiſirs ; car nous
nous ſoucions encore fort peu des
facheuſes nouvelles qui nous ar-
rivoient de France ſur notre
compte.

L'action de Rapt avoit été in-
tentée contre moi, comme m'en
avoit prévenu le Baron de V... &
& mon Pere ſe deffendoit avec
toute la fermeté poſſible. Il avoit
même été aſſez adroit pour trouver des preuves de la connivence
du Pere de Céliane avec nous;
enforte que ne craignant aucune
des ſuites facheuſes dont le mé-
naçoit ſon Ennemi , il conſentoit
moins que jamais à légitimer le

mariage furtif d'un fils auquel il feignoit hautement de vouloir renoncer.

Cependant il me faifoit écrire par quelques-uns de mes Parents que ma grace auprès de lui dépendoit de ma conduite, qu'il alloit inceffamment obtenir un Arrêt qui debouteroit le Baron de toutes fes prétentions, qu'il ne me confeilloit cependant pas d'abandonner Céliane en Angleterre ; mais que je pourrois rentrer avec elle en France & la laiffer fous quelque prétexte dans un des Couvents de l'endroit où nous débarquerions. Qu'à ces conditions il pourroit me reconnoître encore pour fon fils ; mais qu'il étoit néceffaire que je ne perdiffe point de tems à le fatisfaire là-deffus.

Céliane à qui je faifois part de ces négociations, frémiffoit quelquefois que je ne fuffe tenté d'aller fléchir le juſte courroux d'un Pere ; mais je la raſſurois avec la même tendreſſe qu'elle m'avoit inſpirée dès le premier moment que je la vis. La ſienne paroiſſoit en augmenter encore , & je me félicitois à chaque inſtant d'avoir de nouveaux ſacrifices à lui faire. Heureux peut-être (tout barbare que j'avois été pour ma famille) ſi j'avois toujours conſervé un cœur pour qui j'avois oublié les plus ſaints des devoirs.

A quelles horreurs n'entraî- nent point & l'indigence & la corruption des mœurs ? Nos reſ- ſources qu'une aveugle yvreſſe ſembloit nous faire trouver iné- puiſables s'étoient diſſipées avant qu'aucun des deux s'en fût apper- çu. Nous ne jettames les yeux ſur notre ſcituation que pour nous convaincre que nous vivions déja aux dépens d'une Nation peu trai-

table fur cet article & furtout
avec des François qu'elle cherche toujours à avilir. Nos dettes
en un mot excédoient ce qui nous
reſtoit d'effets , & j'avoue que ce
fatal examen me plongea dans la
plus vive des douleurs.

Mon premier ſoin fut d'écrire au
Baron l'état affligeant où je me
trouvois avec ſa fille ; mais je n'en
reçus qu'une lettre affreuſe , dans
laquelle loin de ſonger à nous ſe-
courir , il me reprochoit les frais
immenſes qu'il avoit été obligé
de faire dans le procès qu'il avoit
intenté à mon Pere , & dont il
n'oſoit plus attendre un heureux
ſuccès.

Le croira-t'on ? J'oſai me livrer
à peine au ſentiment de mépris
qu'une lettre auſſi inhumaine
m'inſpira tout à coup. Céliane dé-
fendoit encore ſon Pere dans mon
eſprit & le juſtifioit tout à fait
dans

dans mon cœur. Il peut se faire
(me disois-je) qu'il soit actuelle-
ment hors d'état de nous aider.
Je ne me rappellois la modicité
de sa fortune que pour le plaindre
d'avoir été obligé de soutenir
pour moi un Procès qui n'avoit pû
que l'incommoder. Enfin je me
resolus à trouver à quelque prix
que ce fût d'autres ressources que
celles que j'avois d'abord atten-
dues de lui.

Le jeu m'en offrit bientôt d'assez grandes ; mais comme je m'é-
tois légérement associé avec quelques Italiens qui se trouvoient
alors à Londres , & dont je ne
connoissois ni les mœurs, ni le caractère, ni la naissance, je me trouvai peu de tems après impliqué
dans une affaire horrible dont je
supportai , quoique injustement,
& la honte & l'infamie. Le soupçon & la conviction de l'infidélité

de mes Affociés fe fuivirent mal-
heureufement de fi près, qu'il
n'y eut pas moyen d'appaifer les
cris de deux ou trois Seigneurs
qui avoient fait d'affez groffes
pertes, & qui menaçoient de fe
vanger.

Les Frippons avec qui je m'é-
tois lié difparurent dès le lendemain, & je reftai feul à Londres
l'objet du mépris de tous ceux
qui n'ignoroient pas ma funefte
affociation. J'eus beau protefter
de mon innocence, le temps des
Adverfités étoit arrivé, on ne voulut pas m'en croire & tous les
honnêtes gens s'étant tout à coup
retirés de chez moi, mon malheur fut bientôt affez public pour
éveiller des Créanciers que ma
dépenfe & plus encore mes liai-
fons avec les Citoyens les plus
diftingués de Londres laiffoient
dans une heureufe tranquilité. Il

fallut s'exécuter en vendant les
effets de Céliane & les miens ;
mais je ne pus faire face qu'à une
partie de mes dettes. Mon hif-
toire du jeu m'avoit fait perdre
toute efpéce de crédit ; on me
pourfuivit avec chaleur, & bientôt je fus ignominieufément traî-
né dans les prifons d'une Ville,
où depuis un an je menois la vie
la plus faftueufe.

La trifte Céliane voulut s'en-
fermer avec moi, mais mes prié-
res & mes larmes la forcerent à
profiter des offres du feul Anglois
qui ne m'avoit point abandonné,
& qui voulut bien la loger avec
une de fes fœurs, en attendant
qu'elle où moi euffions reçu de
France quelques fecours contre
les malheurs dont nous étions ac-
cablés.

Je la voyois tous les jours avec
Milady Brind, qui ne foupçonnoit

dans son frere qu'un sentiment de
générosité qu'elle aimoit à parta-
ger en m'offrant sans cesse tout ce
qui pouvoit m'être nécessaire. Le
malheur sembloit altérer la santé
de Céliane, & ce seul danger me
rendoit véritablement malheureux. Sa tendresse me paroissoit
moins vive, mais l'abbatement
où je la voiois lui servoit d'excuse.
Le plus léger soupçon ne pouvoit entrer dans mon cœur. Je l'a-
dorois toujours, je croyois toujours en être aimé. Pour me désa-
buser il a fallu qu'elle ait même
cessé de le feindre.

Le tems auquel nous attendions
des réponses aux lettres touchan-
tes que nous avions écrites, étoit
déja bien loin ; tout nous aban-
donnoit & je frémissois de lasser
l'humanité de Wolfi & de sa
sœur. Je me croyois enfin perdu
lorsqu'un jour Céliane étant ve-

nue me voir feule, me fit part des
offres que lui faifoit notre commun Protecteur. Il venoit de
l'emporter fur plufieurs concur-
rents qui lui difputoient le comptoir de Madraz, qu'on lui avoit
enfin accordé pour prix des grands
fervices qu'il avoit rendus à l'E-
tat en plufieurs occafions. Son
départ ne pouvoit être longtems
différé ; il fe voyoit forcé d'abandonner des malheureux auxquels
une amitié véritable l'avoit attaché, & ce fentiment lui avoit inf-
piré le projet de m'emmener avec
lui dans un Pays où fon crédit, fes
fecours, & mon travail pourroient
aifément me tirer de la mifére
dans laquelle je me trouvois plongé. Si ce deffein d'aller fi loin
tenter fortune n'avoit rien qui
m'effraiât, il s'arrangeoit fur le
champ avec mes Créanciers, je

devenois libre & nous nous met-
tions en mer au premier jour.

Eh quoi ! Céliane (m'écriais-
je) vous consentiriez à me quitter ? Car le généreux Wolfi... Ne
nous désunit point (répondit-
elle) : je suis aussi du voyage ;
c'est à vous à décider de notre sort.
Ne craignez de mon côté (ajouta-
t-elle) aucune répugnance pour
un si grand éloignement. La haine que j'ai pour l'Europe aujour-
d'hui me soutiendra contre toutes les fatigues imaginables. Encore un coup, c'est à vous à décider ; j'attends votre réponse
pour la porter à Wolfi ; mais son-
gez où vous êtes, en quel état je
suis, & qui nous sommes pour
être réduits à rougir devant toute
la terre d'une misére avilissante.

Tous les Lieux auprès de toi,
ma chere Céliane seront ma Patrie (lui répondis-je) je ne con-

nois en t'aimant que le plaisir de
te le dire & la douceur de te
rendre heureuse. Va, cours à
Wolsi, peins lui toute ma reconnoissance, qu'il dispose tout pour
son départ. Je suis prêt à le sui-
vre, puisque je vivrai toujours près
de toi.

Je ne me souviens pas si ce transport de tendresse causa dès lors
quelque embarras a Céliane, elle
paroissoit essuyer des larmes, &
par-là me déroboit ses yeux : je
ne vis rien en un mot qui pût trou-
bler alors mon bonheur & ma sé-
curité.

Quelque empressement qu'eût
Wolsi à me procurer mon élar-
gissement, ses affaires ne purent
lui faire remplir cet objet que la
veille de notre départ ; mais j'a-
vois vû Céliane & Miladi Brind
assez souvent, & tout m'étoit
supportable avec ce secours : je

voiois tout ce que j'aimois & tout
ce que j'estimois dans le monde.
Tout ce que j'estimois? On éprou-
ve donc quelquefois ce sentiment
pour les autres, sans en être bien
digne soi - même. Quoiqu'il en
soit, je sortis de ma Prison comme je l'ai dit au moment qu'il
falloit aller gagner le Vaisseau
qui devoit nous conduire aux Indes. Céliane & Wolsi m'y atten-
doient. Plein de reconnoissance
& d'amour je crus voir encore
dans leurs embrassements & l'a-
mitié de l'un & la tendresse de
l'autre.

Je ne vous dis rien d'un trajet
qui fut aussi heureux qu'il pouvoit
l'être, au chagrin près dont je
croiois l'ame de Céliane attein-
te. Ma tendresse y perdit tout,
mais je le lui pardonnois; j'étois la
source de tous ses malheurs. Je
l'ai conduite (me disois-je) à ce

degré d'adverfité où l'ame anéan-
tie ne peut s'ouvrir qu'à l'impreffion de fon infortune. Aveugle
que j'étois! Combien de fois pendant cette horrible route ne té-
moignai-je pas ma reconnoiffance à Wolfi de tous les foins qu'il
prenoit (difoit - il) en ma faveur
pour triompher de fa mélancolie?

Arrivez enfin à cette Ifle où
le deftin vient de vous offrir à
mes yeux , on crut devoir fecouer
jufqu'à la peine de me tromper
plus longtemps. Wolfi par des
occupations dont il me chargea,
parvint en peu de jours à m'éloigner de Céliane , qu'il garda près
de lui fans qu'elle parût fenfible
à cette féparation. Je voulus lui
en faire quelques reproches, mais
ô Dieux! Par quelle affreufe ré-
ponfe......d'Erban , il n'étoit plus
tems (difoit - elle) de s'occuper
de foupirs & d'amour. Il falloit.

déformais fonger qué peut-être
deshérirés l'un & l'autre, nous
n'avions plus de fecours à attendre de notre Patrie; qu'une auffi
cruelle fcituation demandoit d'autres foins que ceux d'une tendreffe ftérile, & qui nous avoit été fi
funefte, & qu'enfin j'étois trop
heureux que Wolfi me procurât
généreufement des moyens, quels
qu'ils fuffent, d'échapper à la mifére.

Eft-ce bien ma Céliane qui me
parle ainfi (m'écriai-je.) Eh qu'eft
devenu fon Amour pour moi?
Ce qu'il eft devenu (répondit-elle)
demandez-le à l'Adverfité. Sans
doute il s'eft flétri dans mes larmes; je ne vois plus en vous que
l'Auteur de toutes mes peines;
je ne vous ai point hai, que pou-
vois-je de plus? Je vous entends
Céliane (interrompis-je) le nua-
ge qui couvroit mes yeux fe dif-

sipe : frémissez pour le Barbare
qui m'enleve votre cœur, ses
bienfaits me sont affreux, & sa
mort peut seule me vanger de ses
infames perfidies. Craignez vous
même de vous offrir à mes regards au moment de ma vengeance ; le même fer iroit réunir chez
les morts ce que le crime a déja
trop uni.

A l'inftant je cours en furieux à
l'endroit où je croiois trouver
Wolsi, je le cherche par tout ;
mais envain, & bientôt je me vois
enlevé par quatre Efclaves qui me
conduifirent dans une Ifle peu
éloignée, où gardé foigneufement
à vûe je devois attendre la premiére occafion de repaffer en
Europe.

Je vous peindrois difficilement
ma rage & mon défefpoir jufqu'au moment où j'ai pû revenir
à Madraz. Un Ennemi fecret de

de Wolſi malgré toutes ſes précautions m'en a facilité lesmoyens.
Je deſcendois au moment où vous
m'avez apperçu, je cherchois mon
Ennemi, & s'il eût paru, d'Erban,
je le perçois de mille coups à vos
yeux.

Fin de l'Hiſtoire du jeune de Salvins.

SUITE

DU

CHEVALIER D'ERBAN.

A peine le frere de Lucide eut-il fini son histoire malheureuse, qu'il voulut me quitter pour aller chercher sa victime. Arrêtez (lui dis-je) Salvins, arrêtez, vous ne serez point un assassin, & vous n'irez point vous préparer à jamais de nouveaux remords. Céliane peut-elle encore vous être chere ? Est-elle digne du moindre de vos regrets ? Ingrat que vous êtes ! Une main puissante & invisible a brisé la chaîne deshonorante dont vous vous étiez chargé, & ce bonheur échape à vos yeux. Frémissez des dou-

leurs que vous avez laiſſées au
ſein de la famille la plus reſpecta-
ble, & non pas de l'heureuſe infidélité du plus vil de tous les
cœurs. Je ne vous quitte plus
(ajoûtai-je) & ſuis même prêt à
vous faire violence pour vous
entraîner avec moi : venez avec
moi Salvins, je vai vous rendre à
votre Patrie, à la raiſon, à vos devoirs : venez, vos égarements ont
déja trop duré ; la moindre réſiſ-
tance ſeroit odieuſe & vous met-
troit au rang de ces hommes per-
dus que l'infamie attend au com-
ble de leurs excès : non Salvins,
non, il n'eſt pas poſſible que votre état actuel ne vous épouvan-
te pas vous-même : oſez le voir,
il vous conduit à tous les crimes.

Eh quoi (me répondit-il) vous
appelleriez un crime la juſte vengeance d'une noirceur égale à
celle de Wolſi ? Si je l'appelle

un crime ? (interrompis - je) Eh
verfe-t'on le fang de fon égal avec
quelque innocence ? Ce qu'il
vous enleve d'ailleurs étoit - il
bien à vous ? Quel droit à refpec-
ter que celui d'une yvreffe de
jeune homme qui, lui - même a
violé fans pudeur & la loi natu-
relle dans la foumiffion qu'il devoit à fes Parents, & les loix de fon
Pays, dans les formes d'un engage-
ment que ces loix feules peuvent
rendre refpectable ? mais ne voyez
que Céliane elle - même, qu'un
Amour facile ou plûtôt une vive
impreffion des fens a mife au nombre de ces femmes hardies qui
foulent fans pudeur ce que le
vif interêt de la fociété ne per-
mettra jamais de traiter de pré-
jugés. Quelle Amante, Salvins!
qu'une jeune perfonne qui fuit
avec vous! Qui fçait que dans peu
on va fauffement vous offrir aux

yeux de la Juſtice comme un infame Raviſſeur, qui partage avec
vous ce vol que la néceſſité vous
fait faire ; mais que la néceſſité
ne juſtifie point. Avez-vous dû
compter ſur un cœur auſſi peu délicat ? Connoiſſiez-vous aſſez peu
l'humanité pour ignorer qu'elle
eſt toujours ſans foi lorſqu'elle
eſt ſans honte. Eh croyez m'en,
Wolfi des deux, eſt le moins coupable, puiſqu'il a pû le devenir
ſi promptement. Et dans quelles
circonſtances encore ? Lorſque
gémiſſant ſous le poids humiliant
d'une infortune que vous aviez
trop méritée, Céliane étoit la
ſeule qui vous dût quelque pitié.
C'eſt alors cependant, que déja
ſéduite par Wolfi elle vient vous
offrir dans la Priſon ſes infidéles
ſecours.

C'en eſt fait, vous triomphez
(me répondit enfin le frere de

Lucide.) Je ne verrai plus ce monf-
tre. La perfidie la plus affreufe a
brifé pour jamais nos nœuds ; je
m'abandonne à vous ; oui je veux
bien être moins coupable qu'elle.
Partons.

A ce mot, j'embraffai Salvins
avec tranfport & je le conduifis
fans perdre un moment au vaif-
feau qui devoit me ramener à
Pondichery. Il verfa quelques
larmes encore, lorfqu'il vit mettre à la voile ; mais je ne le quit-
tois pas, & je foutenois fon ame
contre les fecouffes violentes
qu'elle devoit pourtant alors bien
moins à l'Amour qu'au defir de la
vengeance.

Dès que je fus arrivé & que
j'eus préfenté Salvins au Chevalier Martin qui le combla d'ami-
tiés, je reçus un billet par lequel
on me mandoit de paffer fans tar-
der chez un Négociant de la Vil-

le, où quelqu'un nouvellement
arrivé de France, & qui n'étoit
pas en état de sortir demandoit
instamment à me voir & à me parler. J'y courus aussitôt, & je reconnus avec autant de peine que
de surprise la pauvre Caran qui
paroissoit avoir souffert beaucoup. Son attendrissement au moment qu'elle me vit arrêta long-
temps la parole sur ses lévres. Je
vous revois donc encore (me
dit-elle enfin) ; c'est vous, c'est
vous même que la malheureuse
Caran vient embrasser avant de
mourir.

Mon incertitude se dissipe alors,
je m'élance dans ses foibles bras,
qui vous auroit reconnue ma chere Caran ? (lui dis-je.) Hélas ! Je
le sçai (me répondit - elle) ; ce
n'est plus moi-même, & je ne vi-
vrois plus sans le desir de vous
revoir. Préparez-vous, Monsieur,

au recit le plus funeste ; Lucide
n'est plus (m'écriai-je,) Elle vit ,
mais elle n'est plus pour moi (répondit-elle)c'est le dernier de tous
mes malheurs. Hélas ! Tout est
affreux dans ce que je dois vous
conter. Puisse le Ciel me laisser
encore assez de forces pour vous
faire part des evenements les plus
horribles & m'enlever après.

Arrêtez Caran (lui dis-je) la
crainte que vous m'inspirez est au
dessus de mes forces. S'il faut que
je vous perde , puissai-je ne pas
vous survivre ! Si Lucide n'est
plus pour vous , son cœur
est changé. Tenez (reprit la Caran en me donnant un Billet.)
Voyez votre injustice. Ce Billet
étoit de Lucide , il s'adressoit à
moi , je l'ouvre avec précipitation , & je lis ce qui suit.

J'ai tout perdu & j'ai tout à crain-
dre encore. Aux plus grandes infor-
tunes se joignent d'autres malheurs.
Il faudra que j'expire ; mais je mour-
rai fidéle à mes premiers sentimens.
Oui d'Erban , vous serez le seul que
la déplorable Lucide ait aimé.

Quoi ! Lucide (m'écriai-je)
m'aimeroit encore , elle n'auroit
point rougi de sa tendresse pour
moi ? Hélas ! La pauvre fille (me
répondit la Caran) malgré tout ce
que vous lui avez dit de vous-même , malgré les soins de sa Mere,
malgré cette belle amitié qui n'é-
toit pas un si bon reméde que je
croiois, malgré votre silence &
votre départ même, n'a jamais
cessé d'être à vous. Je me souviens de vous l'avoir dit. Il y a
du fort là dedans ; mais ma chere
Caran (repliquai-je) quels sont

donc les malheurs que vous avez à m'apprendre ? Lucide vit & je suis aimé. Tout cela est vrai (dit-elle) & cependant je vais déchirer votre cœur : écoutez-moi.

Vous vous souvenez de ce que je vous ai appris de l'Amour du jeune Salvins pour la fille du Baron de V.... Je sçai plus (lui répondis-je) je sçai sa fuite en Angleterre avec elle, hélas ! il est le plus infortuné des hommes. Le Ciel est juste (repliqua · t'elle) il a porté la mort au sein de sa famille, il n'y a pas de trop grands malheurs pour lui. Que vous me faites de plaisir en m'apprenant encore qu'il n'y a point de mauvaise conduite qui réussisse. Il est donc malheureux ? il en faut louer le Ciel : c'est surement son ouvrage. Mais puisque vous sçavez(continua-t'elle) son funeste départ, je vais vous inftruire de toutes les horreurs qui l'ont fuivi.

Le Baron de V.... qui avoit favorifé l'évafion de fa propre fille eut l'indignité d'intenter auffitôt une action de Rapt contre le frere de Lucide. L'affaire fe pouffa dabord de fa part avec une vivacité incroyable ; mais Monfieur de Salvins ayant heureufement découvert des preuves du concert du Baron avec les deux jeunes gens ; nous reprimes un peu de tranquilité au Château, & ce fut Monfieur le Marquis lui-même, qui las des délais qu'on apportoit au jugement d'une affaire odieufe, en preffa la conclufion qui fut auffi heureufe qu'il pouvoit le fouhaiter.

Quelques mois après ce premier événement, le Pere de Lucide qui ne gémiffoit plus que fur la perte de fon fils qui s'obftinoit

toujours à ne point abandonner la
fille du Baron , étoit allé à Poitiers pour quelques affaires. Le
malheur voulut que le Domefti-
que qui l'accompagnoit fût arrêté par une fiévre violente , & qu'il
prît le parti de revenir feul. La nuit
étoit prête à tomber lorfqu'il fe
trouva dans cette épaiffe forêt que
vous connoiffez , & qui n'eft qu'à
une lieue de fa terre. Il doubloit
le pas , lorfque deux hommes
mafqués fe préfentent à lui dans le
paffage le plus étroit. L'un des
deux plus emporté que l'autre
lâche fon coup de piftolet & le
manque. Monfieur de Salvins
fond auffitôt fur ces Scélérats,
renverfe celui qui venoit de tirer,
court à l'autre qui fuyoit déja ;
mais qu'il atteint malheureufe-
ment ; car au moment qu'il le
perce, il fe fent vivement bleffé
par un troifiéme qu'il n'avoit

point encore vû , & qui fuit après
ce lâche affaffinat. Monf. de Salvins fait de vains efforts pour fe
foûtenir fur fon cheval ; il tombe
fur la pouffiére avec un refte de
vie qu'il eût perdue plûtôt fans les
fecours de quelques gens de la
campagne qui le reconnurent &
qui fur quatre branches d'arbres
liées enfemble le rapporterent au
Château.

Quel fpectacle pour l'Epoufe
la plus vertueufe & la plus atta-
chée , & pour la fille la plus tendre ! Les gémiffements , les cris
de toute la maifon ne peuvent fe
peindre. Vous fçavez s'il étoit aimé & combien il étoit digne de
l'être. Ce fut en vain qu'on voulut apporter du foulagement à fon
état. Il étoit fans reméde , il le
difoit lui même ; je fens la mort ,
elle eft déja dans mon fein (difoit-
il) & dans ce moment il fe fouvint
de

de vous Monfieur le Chevalier.
Il fit approcher un Notaire, &
par un Codicile dont vous êtiez
prefque le feul objet, il vous laiffa une penfion affez confidérable
fur tous fes biens. Cet acte fini il
rappelle fa femme & fa fille près
de lui, & meurt en les embraffant.

Laiffons couler nos larmes,
ma chere Caran, (interrompis-je)
le meilleur des maris, le plus fa-
ge des peres, l'homme le plus aimable & le plus intégre devoit-
il finir fes jours d'une maniére
auffi cruelle !.... Après quelques
moments d'un filence qui n'étoit
interrompu que par nos fanglots,
la Caran pourfuivit ainfi.

A la levée des mafques qui
cachoient les traits des deux ca-
davres reftés fur le champ de ba-
taille, on reconnut le Baron de
V.... & fon Valet de chambre.

Part. II. C

Le troisiéme Affassin comme je vous l'ai dit, avoit pris la fuite; mais il fut promptement arrêté, & son supplice effraya ses semblables, bien plus qu'il ne nous consola.

Lucide & moi nous pleurions sans cesse, mais nous eumes bientôt un nouveau sujet de rendre nos pleurs intarissables. Madame de Salvins dépérissoit chaque jour. Tous nos efforts pour la distraire de sa douleur muette & terrible, étoient sans fruit, le moment fatal arriva, & le nom de son époux à la bouche, cette mere incomparable s'éteignit un soir entre sa fille & moi.

Quel sejour alors que celui du Château de Salvins! Il fallut veiller avec soin sur Lucide pour l'empêcher de se précipiter dans la tombe de sa mere; hélas! Je souhaitois de m'y abîmer moi-

même, & l'interêt feul de ma chere Eléve arrêta mes pas auprès
d'elle..... Pardonnez Monfieur,
(ajoûta la Caran avec peine) fi
j'interromps ici le plus cruel des
récits. Je fens ma foibleffe s'augmenter. Daignez de grace me revoir dans quelques heures d'ici.

Après avoir conjuré tous les
gens de la maifon où nous étions
de veiller fur la fanté d'une perfonne que je leur confiois comme
ce que j'avois de plus cher, je
fortis de la chambre accablé de
mille idées affreufes. Un jardin fe
préfente à ma vûe, j'y cours m'y
précipiter au pied d'un arbre, &
là j'éprouvai tout ce que les peines du cœur peuvent avoir de dé-
chirant. La mémoire de mes
Bienfaicteurs infortunés ne me
laiffa point penfer dans ce moment au billet de Lucide : mes
pleurs fe féchoient un inftant;

mais pour reprendre tout à coup
un cours plus rapide. Vains regrets qui n'arrachés perfonne a la
fatalité du fort, vous ne peignez
au plus qu'une douleur commune & paffagere ; ah ! que vous
rendiez foiblement celle dont j'é-
tois pénétré ! Les cœurs fenfibles
m'entendront, je crois ; c'eft une
des plus fortes inquiétudes d'une
ame vivement touchée, d'appercevoir que le fentiment qui la
remplit, ne peut fe répandre au
dehors, qu'en s'affoibliffant par
les fignes qui le communiquent.
On rentre dans foi-même alors,
parce qu'il n'y a que cette façon-
là de goûter (s'il m'eft permis de
le dire) fa fenfibilité & peut-être
eft-ce là le principe de ce filence
horrible & profond, plus éloquent
mille fois que le fafte des expref-
fions & des tournures confacrées
à la peinture des chagrins de la
multitude.

J'avois demeuré affez long-
tems fans m'en être apperçu au
pied de cet arbre que j'avois arro-
fé de mes larmes, lorfqu'une voix
qui prononçoit mon nom, me ti-
ra de la revêrie dans laquelle j'é-
tois comme abforbé. Le Domef-
tique qui m'appelloit en avoit été
dabord effrayé à ce qu'il me dit ;
mais comme il venoit me chercher de la part de la languif-
fante Caran, il crut devoir fe raf-
fermir & m'engager à rentrer
comme il en avoit reçu l'ordre.

Dès que la Caran m'apperçut,
je vous ai fait rappeller (me dit-
elle) parce qu'on m'avoit dit que
vous êtiez entré dans le jardin,
& que peut-être il me refte peu
de moments à vous donner. J'allois l'engager à prendre plus d'efpoir.... Laiffez, laiffez Monfieur
le Chevalier (dit-elle) j'ai rempli ma miffion, je vous ai vû. Que

m'importe d'avoir encore quelques jours malheureux à paſſer ! Je ſuis ſûrement punie de quelque faute, & peut-être de celle que vous m'avez reprochée vousmême. Le Ciel eſt le maître, n'appellons de rien avec lui, ſi ce que j'ai fait pour vous me paroît léger, c'eſt que je vois mal encore apparament ; mais revenons à la déplorable hiſtoire que je vous ai commencée.

J'ai laiſſé (continua - t'elle) Lucide au Château de Salvins dans la douleur la plus juſte & la plus grande que l'humanité puiſſe éprouver & ſoutenir. Pouvoit-elle imaginer qu'elle eût encore d'autres maux à craindre ?

M. De Boiſpierre homme veuf, déja d'un certain age, ſon plus proche parent & par conſéquent ſon Tuteur de droit, vint bientôt se mettre à la tête d'une maison abandonnée de tous ses maîtres. Nous n'eumes dabord ma triste Eléve & moi, qu'à nous louer de ses procédés attentifs ; à cela près qu'il ne voulut jamais entendre la proposition que nous lui fîmes, de nous retirer dans le Couvent le plus prochain : mais avant tout il faut vous peindre ce Tuteur tel qu'on me la fait connoître & tel qu'il étoit sûrement , quoique nous eussions la simplicité de n'en rien appercevoir alors.

Une charge importante dans la Province est confiée à ses soins, & Dieu sçait si l'on a fait un bon choix. Homme d'esprit pour ceux qui n'y cherchent pas de jugement, beau parleur, si tout le jargon de la fausse politesse décide ce talent , s'entretenant toujours du bien public, & faisant toujours le mal particulier

parce qu'il convient mieux à ſes
interêts, quoiqu'il ſoit très-ordi-
naire de l'entendre affeĉter en
tout le plus grand déſintéreſſe-
ment; prodigue & noble au dehors, toujours avare & bas par
le cœur, inutile ami, mauvais
maître, impitoyable ſurtout pour
de malheureux Fermiers, quelque perte qu'ils ayent faite, mi-
nutieux, deffiant, vindicatif, timi-
de, incertain, toujours eſclave
de ſes ſens lorſqu'ils s'accordent
avec ſon ambition ou ſes autres
vices. En un mot, comme me
diſoit celui qui m'a ſi bien fait ſon
portrait, la fauſſe grandeur en
perſonne. Voilà, Monſieur, le
Tuteur qui nous ayant forcées de
reſter avec lui au Château de Salvins, nous ramena auſſitôt qu'il
le put à Poitiers pour y donner
(diſoit-il) la derniere main à l'édu-
cation de Lucide.

Quelqu'un de ſes Domeſtiques
parmi leſquels il n'en avoit pas
un qui lui fût véritablement attaché, nous avoit déja un peu ouvert les yeux, en nous aſſurant que
ſon Maître n'avoit jamais montré
aucune bonne qualité ſans quelque deſſein de ſe la rendre utile,
lorſqu'un après midi M. de Boiſpierre me prenant par le bras me
dit de l'air du monde le plus doux
qu'il avoit à me parler en particulier. Je le ſuis au fond d'un
cabinet où dabord m'ayant prodi-
gué mille flatteries qui me tou-
cherent peu & qui m'alloient encore plus mal. Oh ça la Bonne,
(me dit-il) Mad. de Salvins a
veillé à ce que vous ne puſſiez
jamais manquer de rien; mais on
peut encore mieux faire pour
vous. L'age qui demande de l'ai-
ſance & de la tranquilité s'avance,

je ſuis bien votre ami, puiſque je
vais vous faire ſonger à le prévenir. Votre Eléve eſt charmante,
vous l'aimez, que ne travaillez-
vous à vous repoſer des ſoins que
vous en prenez encore, ſur un
mari qui feroit ſon bonheur ? Hélas ! (lui dis-je) Monſieur quand
viendra pour elle ce qu'on appelle
bonheur dans ce monde ? Je ne
lui connois encore que des ad-
verſités. Se peut-il qu'on n'ait de
ſi beaux yeux que pour pleurer ?
Les malheurs (me répondit-il)
qui font couler ſes larmes ſont
communs à tous les hommes. Je
ne condamne aucune ſenſibilité.
Eh, qui eſt-ce qui porte ce def-
faut là plus loin que moi ? Mais
il eſt des bornes & des remédes
à tout. On ne ſçait ce qu'eſt devenu ſon frere ; elle eſt par-là un
des plus conſidérables partis de
la Province. Voyons (continua-

t'il en m'embraffant de force.)
Comment me trouvez-vous la
Bonne ? Je fuis dans la vigueur
de l'age, fon Parent, il eft vrai ;
mais les difpenfes feront aifées à
obtenir. Voulez-vous que je fois
franc ? Car c'eft mon caractère :
les voici. Tout eft prêt comme
vous voyez, & il faut que vous
la déterminiez à me donner la
main dans deux jours. Moi Monfieur ! (interrompis-je.) Et qui
donc ? (répondit-il) vous ne vou-
driez pas que j'euffe à me plaindre de vous : le Codicile où Madame de Salvins a pourvû à vos
befoins n'eft pas dans toutes les
bonnes formes, je vous en aver-
tis ; mais je fuis tout à vous, &
rien ne doit vous effrayer. Et puis
la reconnoiffance que je vais vous
devoir.... Et pourquoi de la reconnoiffance ? (lui dis-je) qu'ais-
je fait, & que puis-je faire ? Lu-
C vj

cide affurement ne fonge point à
un établiffement : croyez - vous
que ce foit à moi à l'y déterminer ? Sans doute (me répondit-il)
c'eft à vous à l'éclairer fur fes vé-
ritables interêts en travaillant encore plus pour les votres. Allez,
allez, ma chere Caran, (ajouta-
t'il) : je fçais votre crédit fur l'efprit de la Pupille, vous n'aurez
pas dit deux mots que fon cœur
penchera vers moi. Nous n'ai-
mons rien encore , n'eft - il pas
vrai ? Eh bien, le premier homme qui parle d'Amour à des perfonnes de cet age eft toujours fûr
d'en infpirer.

En me difant ces derniers mots
il me conduifoit à la porte de fon
appartement, d'où je brûlois d'ê-
tre fortie. Lucide étoit chez elle,
je vais la trouver, & je lui conte
tout ce que m'avoit dit fon Tuteur. O deftin ! (s'écria - t'elle)

tu veux donc me faire éprouver toutes tes cruautés ? Moi donner ma main & mon cœur à M. de Boispierre ? Moi, ma Bonne ? Alors elle se tut & me regarda avec l'attention la plus intéressante ; je la fixois aussi, il sembloit que nous disputassions à qui parleroit la première ; car nos lévres paroissoient faire un mouvement pour cela. Mademoiselle (lui dis-je à la fin) vous avez quelque chose de plus à me dire, manqueriez-vous de confiance en cet instant ? Et vous ma Bonne (répondit-elle) pourquoi ne pas m'aider à vous en dire davantage ? Et d'Erban.... (ajouta-t'elle en soupirant.) Ah ! vous me transportez (lui dis-je) de le nommer la première. J'ai déja cent fois étouffé le desir que j'avois de vous en rappeller la mémoire. Vous êtes libre, vous pouvez faire un heureux, il mé-

rite bien de l'être. Je ne vous rap-
porte point (continua la Caran)
tout ce que nous dimes de vous
l'une & l'autre;mais il fut bientôt
décidé qu'il falloit échapper aux
pourſuites du Tuteur amoureux,
& chercher au plutôt un azile
dans un Couvent.

M. de Boiſpierre vint dès le
lendemain s'informer du ſuccès
de ma négociation ; je fus ſincére
& ne lui laiſſai pas la moindre eſ-
pérance. En quelque genre que
ce fût il ne concevoit pas que
quelque choſe pût reſiſter à ſa ſu-
blime volonté ; je le vis ſe livrer
à la plus indécente fureur , &
après m'avoir traitée avec toute
l'injurieuſe éloquence dont il
étoit capable , il paſſa chez Lucide dont il fut encore moins con-
tent , car elle demanda ſur le
champ à ſortir de chez lui. Vous
en ſortirez (lui répondit-il) quand

& comme il me plaîra ; mais commencez par éloigner une femme qui ne me convient point. J'ai quelqu'un à mettre auprès de vous dès aujourd'hui. Que la Caran ne se présente plus devant mes yeux. Mademoiselle de Salvins alors sentit qu'elle m'aimoit assez pour frémir de me perdre, elle s'abbaissa jusqu'à prier ; on fut inexorable, on ne lui accorda même qu'un instant pour me faire ses adieux. Ce fut à ce moment fatal qu'elle écrivit à la hâte le billet que je viens de vous remettre, & qu'elle me recommanda, en versant des torrents de larmes, de vous faire parvenir le plus sûrement qu'il me seroit possible. Le Tiran reparut bientôt dans son appartement, & je fus obligée de me séparer de tout ce qui m'étoit cher au monde. Je crus mourir de douleur, je le devois, & j'ai honte de vivre encore.

Je ne fçais (ajouta la Caran, dont la voix s'affoibliffoit par degrès) ce qui fe paffa chez M. de Boifpierre pendant les trois premiers jours de ma feparation avec Lucide ; mais j'appris le quatriéme qu'elle avoitétéenlevée nuitament. Quelques recherches que je fiffe je ne pus venir à bout d'en apprendre des nouvelles, aucun de fes Domeftiques n'avoit été employé à cette violence. Peut-être eftelle renfermée dans un de ces aziles facrés qui ne devroient s'ouvrir qu'à la liberté ; mais M. de Boifpierre étoit trop bien fecondé, & fon funefte crédit l'avoit quelquefois fervi bien au-delà de cette injuftice : il fallut renoncer au bonheur de la découvrir.

J'avois touché par les mains de l'Intendant de M. de Boifpierre ce qui pouvoit me revenir du prix de mes fervices , à l'exception

du Legs que m'avoit fait Mad. de
Salvins, pour le payement duquel
il me conseilla fort de ne rien entreprendre. Hélas ! Etoit-ce à de
pareils objets que mon ame étoit
livrée ? Je ne demandai rien & je
resolus d'aller vous porter moi-
même au bout du monde le billet de Lucide. Ne pensez pas que
ce soit la fatigue du trajet qui
m'ait réduite à l'état où vous me
voyez ; ce sont mes peines, c'est
le nombre accablant de mes douleurs qui vont me priver de la vie.

La Caran alors se tût, & soit qu'elle fût beaucoup plus mal qu'elle
ne me l'avoit paru d'abord, soit que
le recit qu'elle venoit de me faire eût achevé d'épuiser ses forces,
je n'en pus arracher que des regards remplis de la mort & du
vif attachement qu'elle avoit pour
moi. Je sentis sa main me serrer
un moment après avec plus de

force. *Partez* (me dit-elle) & fa
vie s'éteignit tout à fait.

De retour au gouvernement &
cachant autant qu'il me fut poffible l'affreufe fcituation de mon
cœur, je m'occupai fur le champ
de mon départ pour la France.
L'interêt du jeune de Salvins que
je ne voulus pas inftruire encore de
fes malheurs , fut le feul prétexte
dont je me fervis pour obtenir
mon congé. Le moment étoit fa-
vorable ; on alloit mettre à la voile & le Chevalier Martin qui m'aimoit, confentit quoique avec peine à me voir éloigner de lui. Mon
attachement pour vous (me dit
il quelques jours après que j'eus
obtenu fon aveu) voudroit que
je vous retinffe plus longtemps ;
vous trahiffez l'efpoir que j'avois
de vous voir repaffer en France
avec une fortune confidérable ;
mais ce même attachement ne

me permet pas de m'oppoſer à ce que vous me demandez avec autant d'inſtance. Allez d'Erban, allez revoir un Pays plus fait pour vous que celui-ci. Vous ſçavez (ajouta-t'il) que j'ai dabord combattu votre indifférence philoſophique pour vos propres intérêts, je n'ai pû vous vaincre ; mais j'ai pû vous ſervir malgré vous , & vos appointements ont du moins aſſez fruĉtifié par le commerce auquel je vous ai aſſocié , pour ne pas vous laiſſer ſans une reſſource honnête à votre arrivée. J'ai fait ce compte hier aſſez exaĉtement, & voilà ce qui vous revient à peu près , dit-il, en me remettant un coffret ſcellé qu'il me conjura de n'ouvrir que lorſque je ſerois en mer.

Je lui témoignai toute la reconnoiſſance que j'avois d'un procédé ſi noble & ſi rare ; mais

comme c'étoit ces témoignages
que fa générofité lui faifoit éviter;
il fe plût toujours à ne me donner
qu'un idée très-légére du bienfait
que je recevois de lui. Nous parti-
mes enfin Salvins & moi, remplis
d'idées bien differentes à ce que
j'imaginois; car je lui croiois encore, à la triftefle qu'il confervoit
avec moi, plus de regret de quitter les indes, qu'il n'en avoit réel-
lement.

Quelques lingots d'or & deux
diamants dont le plus confidérable valoit au moins 20 mille francs
étoient le préfent que m'avoit fait
le généreux Chevalier Martin.
Un pareil procédé fi digne de
mon fouvenir, fait honneur à l'humanité & par-là me juftifie du détail que j'en fais ici. Heureux fi
par cet exemple fi peu commun
parmi les hommes d'aujourd'hui,
j'infpirois à quelqu'un d'eux le

goût délicieux de la bienfaisance.
Ne seroit-il plus vrai pour nous
qu'il ne faut que montrer la vertu pour la rendre aimable ? Hélas!
le triste récit de mes aventures
me ramene quelquefois au ta-
bleau du vice : puissai-je du moins
le rendre toujours odieux !

Si le Lecteur veut bien se rappeller tous les désordres dans les-
quels un Amour effréné avoit
plongé le jeune Salvins que je ra-
menois en France : pourra - t'il
croire qu'il n'ait pas été frappé
d'une de ces passions horribles
dont il est encore plus aisé de rougir, qu'il ne l'est d'en arrêter le
cours? Devois-je m'attendre moi-
même qu'une ame que j'avois vûe
déchirée par la plus cruelle jalou-
sie, perdit tout à coup sa fureur,
& l'idée même de la perfidie qui
en étoit l'objet ? Le frere de Lucide cependant employoit le loi-

fir du trajet au deffein de feduire
une jeune Indienne qui fuivoit
fon époux en Europe. Heureufement il ne fut point écouté;
mais il me fit frémir pour l'inconf-
tance de fon caractère. Je l'avois
conduit-moi-même à l'oubli de
Céliane , & ce profond oubli me
paroiffoit d'une incompréhenfi-
ble légéreté : il me fembloit du-
moins que les feuls remords de
fa conduite paffée devoient tenir
dans fon ame la place du fentiment que j'y avois combattu.
Comment le danger d'un nouvel
attachement , d'une nouvelle
yvreffe pouvoit-il s'y préfenter fi-
tôt ? Je l'ai trop vû dans le cours
de ma vie ; il eft des hommes dont
le cœur incertain & toujours agité n'a ni regle , ni marche, ni prin-
cipes , & ces hommes furtout ne
femblent nés que pour être malheureux.

La vertueufe réfiftance de l'Indienne mit Salvins en fureur , &
l'excès de témérité où il parut un
jour vouloir fe porter avec elle ,
nous fuggéra le projet de la dé-
rober à fa vûe , aufli bien que fon
mari qui confentit volontiers à
paffer avec elle fur un autre vaif-
feau qui faifoit route avec nous.
L'échange de deux paffagers fut
propofé au Capitaine à l'infçu de
Salvins & tout fut arrangé fans
qu'il fe doutât même de notre
deffein.

Ce fut un fpectacle affez fin-
gulier le lendemain , de le voir
jetter les yeux de tous les côtés
fans rencontrer le jeune objet de
fes defirs. Les deux nouveaux
Compagnons de voyage qu'il apperçut lui firent à la fin foupçon-
ner ce que nous avions fait , &
j'apperçus aux regards qu'il me
lança , qu'il n'imputoit qu'à moi

seul le furtif enlevement de sa chere Indienne. Depuis ce temps il se plongea dans la plus profonde revêrie, & rien ne put venir à bout d'interrompre son affreux silence jusqu'à notre arrivée dans un des ports de la Bretagne.

Je crus alors devoir apprendre à Salvins les funestes suites de sa première passion. Il se fit un mouvement assez considérable chez lui; mais je ne vis point de larmes; sans m'écouter même plus long-temps, il me quitte, court chez un maître de Poste & j'apprends deux heures après qu'il est parti. Un procédé de cette nature à la suite de ce que j'avois fait pour lui, me fit sentir assez que la reconnoissance entroit peu dans son cœur, & que je devois m'attendre à l'avoir toujours pour ennemi. J'en augurai même qu'il pouvoit être contre mes intérêts

d'aller

d'aller chercher Lucide à découvert dans sa Province, & je pris le parti de faire faire en secret toutes mes perquisitions.

Arrivé dans une petite Ville éloignée de Poitiers de douze à quinze lieues, j'y fixai pour quelque temps mon domicile, & ce fut de-là que je resolus de donner à Forestier qui ne m'avoit pas quitté, les instructions nécessaires à mes vues ; mais au moment d'y travailler, je ne sçais quel cri vint tout à coup s'élever au dedans de moi & suspendit tous mes projets. Que vais-je donc faire ? (me dis-je) Eh ! Qui me répondra que Lucide pense encore à moi ? Qui peut d'ailleurs me justifier à moi-même les démarches que je veux entreprendre ? Ce qui ne convenoit point à Lucide du vivant de ses pere & mere, peut-il être devenu décent pour elle depuis leur

Part. II. D

mort ? En fuis-je moins un enfant
méconnu ? En eft-elle moins obligée à me fuir ? Et cette promeffe
que j'ai faite à Mad. de Salvins
n'eft-elle plus un frein pour ma con-
fcience & pour ma probité ? Suis-
je moins lié par la reconnoiffance
à mes Bienfaicteurs qui exiftent
encore dans leur fille *?* A cette
derniere image furtout, je me
fentis épouvanté. Non, non(m'é-
criais-je) non je ne ferai point un
ingrat, je ne ferai point un parju-
re ; il vaut mille fois mieux être
le plus infortuné des Amants.
Mais c'eft à la voix de Lucide
elle-même que je reviens, c'eft
ce billet que je tiens qui me rappelle. Qu'importe ? (ajoûtais-je
auffitôt) puifqu'une autre voix
me rejette. Je l'apperçois, cette
mere refpeetable à qui j'ai tout
promis, je la vois entre fa fille &
moi, me repouffer; il fuffit. Im-

molons l'Amour à la raison & à
la vertu.

C'eſt par de pareilles idées que
je fus tumultueuſement agité
pendant quelques jours: l'Amour
ſouvent devenoit le plus fort, ſouvent il fléchiſſoit auſſi. L'honneur,
le délicat, le difficile honneur fut
toujours ſon plus redoutable ad-
verſaire.

Quelques diſſipations que j'a-
vois cherchées dans la Ville pour
ſoutenir ma raiſon, m'avoient fait
lier une connoiſſance aſſez vive
avec un jeune homme de la phi-
ſionomie la plus douce & du plus
heureux caractère que j'aye connu. Il s'appelloit Viquefore ; il
s'étoit pris pour moi de l'amitié
la plus forte, il me prévenoit ſans
ceſſe & je trouvai de la douceur
à me laiſſer aller au penchant que
je me ſentois pour lui. Il ne pouvoit être qu'heureux pour moi de

lui reſſembler par les qualités eſ-
ſentielles ; mais la reſſemblance
de la figure & du maintien ne
pouvoit être plus frappante à ce
que chacun diſoit, & ce rapport,
ſi ſouvent le fruit du hazard, avoit
commencé notre liaiſon.

Il m'entraînoit quelquefois
dans un Couvent de la Ville où il
alloit voir une ſœur à laquelle il
étoit fort attaché ; il me la fit ai-
mer aiſément. Les graces du
corps & celles de l'eſprit ſe diſpu-
toient l'avantage de faire briller
Mademoiſelle de Viquefore qui
m'avoit reçu comme l'ami de ſon
frere, & c'eſt dire qu'elle avoit
tout mis en uſage pour me forcer
à devenir le ſien.

Bientôt ce ne fut plus aſſez
pour Mademoiſelle de Viquefore. Un ſentiment plus vif alla
frapper ſon cœur, elle ne put même le diſſimuler à ſon frere qui

me querella quelques jours en-
suite sur l'austère insensibilité que
je gardois avec toutes les femmes. L'éloge de sa sœur suivit de
près ce premier reproche; il m'aimoit assez pour en dire à cet égard
plus qu'il n'avoit d'abord voulu :
je l'entendis, il s'en aperçut. Eh
bien Chevalier (me dit-il) je me
suis ouvert à vous. Estimeriez-
vous assez peu ma sœur pour ne
pas courir au devant de son hom-
mage ? Ne seroit-ce point assez
pour la fierté de votre cœur d'a-
voir été prévenu par une jeune
personne : prévention que mille
gens envieroient à votre place ?

Je ne répondis à Viquefore
que par les choses que dictent en
pareil cas & la politesse & l'usage
du monde. Il ne pouvoit s'en offencer ; mais il s'en plaignit avec
amitié. Ah Chevalier ! (repliqua-
t'il) si vous êtiez aussi jaloux que

moi de refferrer encore les nœuds
qui nous attachent l'un à l'autre,
que cet évenement vous paroî-
troit heureux ! Que ma fœur vous
fembleroit aimable ! A quels
yeux (lui répondis-je) peut-elle
ne pas le paroître ? Je l'avouerai,
je ne l'ai point vûe fans émotion ;
(& je difois la verité.)

A peine avois-je fait cet aveu
que Viquefore m'embraffe avec
tranfport & qu'il exige qu'à l'inftant je le charge d'un billet pour
fa fœur. Je combattis autant que
je le pus avec décence, il fallut
enfin ceder. J'écrivis, mais l'a-
mitié feule & tout au plus avec
elle un air de galanterie que la
fcituation rendoit néceffaire, conduifirent ma plume. Viquefore
s'y trompa cependant ; car il m'en
marqua la plus grande fatisfaction,
& fa fœur encore davantage, puifqu'elle ne me vit plus qu'avec

cette pudeur, cet embarras ingenu que devoit lui donner le fentiment qu'elle me fuppofoit.

Plufieurs jours fe pafferent dans cette erreur où je commençois déja à me reprocher de laiffer plus long-temps Viquefore & fa fœur, quoique j'éprouvaffe pour l'un & pour l'autre des fentimens au deffus de ceux d'une amitié ordinaire, & qui m'avoient étonné plus d'une fois. Je ne craignois point d'avoir oublié Lucide, je me ferois trop méprifé fi j'avois trouvé dans mon cœur cette légéreté que j'avois blamée dans Salvins. Cependant le plaifir que je reffentois auprès de Mademoifelle Viquefore m'inquiettoit & j'étois prêt à fuir, lorfqu'on me rendit une lettre qui venoit du même Couvent où étoit l'aimable fœur de mon ami.

Quelle main l'avoit écritte?

Quels traits vinrent frapper mes
yeux à la seule suscription ! malgré tous les efforts de ma raison
j'étois encore assez foible pour
porter toujours avec moi le dernier billet de Lucide. Je le prends,
je compare, j'ouvre la lettre, rien
n'est plus frappant que cette res-
semblance. Un tremblement su-
bit & machinal s'empare de moi
& dérobe à mes yeux ce qu'ils
cherchent à lire. Je m'assieds, je
me remets enfin, & voici qu'elle
étoit cette lettre étonante.

*Mademoiselle de Viquefore ignore
 Monsieur ce que je fais ici en sa faveur, mais je suis son amie ; son
 cœur s'est ouvert à moi & je dois
 me plaindre pour elle. J'ai vû la
 lettre qu'elle a reçue de vous, pourquoi Monsieur ne pas exiger son
 aveu ? Pourquoi ne lui pas écrire
 au moins une seconde fois ? ou pour-*

quoi lui avoir écrit ? Je connois mon
amie, sa fierté pourroit égaler sa
tendreſſe : ſongez qu'un plus long
ſilence pourroit à la fin vous nuire.

Le défaut de ſignature, l'eſpéce même d'avis qu'on me donnoit, ſembloit contredire le témoignage de mes yeux ; cependant chaque nouvel examen que je faiſois confirmoit ma premiére opinion. C'eſt Lucide, c'eſt elle (me diſois-je.) O Dieux ! qui ſemblez vouloir me la faire retrouver, qu'allez-vous ordonner de moi ?

Accablé de mille refléxions que produiſoit cet événement, j'apperçus tout à coup Viquefore à mes côtés. Ah ! cher ami, (m'écriais - je) dans quel trouble me ſurprenez - vous ? Jettez les yeux ſur cette lettre, & dites-moi ce que je dois en penſer ?

D v

Je vois ce que c'eſt (me répondit Viquefore après l'avoir lûe)
& je ne conçois pas d'où peut naître le faiſiſſement où je viens de
vous ſurprendre. Cette lettre ne
peut que vous faire connoître encore davantage la vive impreſſion
que vous avez faite. Mais de qui
peut être ce billet ? (interrompis-
je?) D'une jeune perſonne (repli-
qua-t'il) dont ma ſœur m'a déja
parlé plus d'une fois, & qu'elle
aime avec tranſport. Elle s'obſti-
ne à cacher ſon nom & ſa naiſſan-
ce, parce qu'elle a reçu plus d'un
avis de garder le ſilence à cet
égard & qu'elle pourroit avoir
beaucoup à craindre d'y manquer.
C'eſt à coup ſûr quelque Victime
innocente de la barbarie d'une famille. La Superieure eſt dans le
fecret & lui fait eſſuier toutes les
duretés imaginables. J'en ai vû
gémir ma ſœur qui n'a jamais pû

obtenir de la laisser venir au Parloir avec elle. Eh bien, cher ami (repris-je avec feu) cette Victime infortunée est la seule personne qui possede aujourd'hui mon cœur. Je n'en puis douter à tout ce que vous me dites. Pardonnez cet aveu cruel au transport qui me l'arrache : & vous & votre sœur vous me serez chers jusqu'au dernier soupir ; mais puis-je étouffer une passion née pour ainsi dire avec moi ? Non cher Viquefore vous ne voudrez point rendre votre ami volage & vous me laisserez consumer par mes premiers feux. Alors je satisfis à la curiosité qu'il me témoigna d'apprendre ma déplorable histoire. Il en versa des pleurs, il m'embrassa, il jura de me servir, & dès ce moment il courut vers sa sœur pour la forcer de se joindre à lui.

J'attendois son retour avec im-

patience, mais il m'écrivit du
Parloir même que tout répondoit
à nos vœux, que sa sœur dabord
étonnée du coup qu'il venoit de
lui porter, avoit heureusement
rappellé sa raison & sa vertu, &
surtout sa vive amitié pour la jeune personne qui m'avoit écrit : il
m'assuroit enfin qu'elle alloit se
sacrifier toute entiere à mon bonheur.

Je l'avouerai, les sages refle-
xions que j'avois faites sur l'enga-
gement que j'avois pris avec Mademoiselle de Salvins ne se pré-
senterent plus à moi, ou du moins
ne s'offrirent que pour disparoître
devant mon amour : Lucide étoit
près de moi, ses malheurs du-
roient encore, je pouvois au
moins la servir contre la tirannie,
je ne vis que ce parti à prendre.

Mademoiselle de Viquefore à
qui son frere avoit repété tout ce

qu'il fçavoit de mon hiſtoire, ne
l'avoit quitté que pour aller trouver Lucide dont la triſteſſe lui
paroiſſoit extrême depuis quelques jours. (Je le fçais enfin (lui
dit-elle en l'approchant) ce ſecret
dont mon amitié pour vous s'of-
fençoit; & vous & vos infortunes,
& votre cœur, tout vient de m'être
connu. Je vais donc reparer les
chagrins que je vous cauſois in-
nocemment ; quelle confidence
je vous faiſois en vous parlant de
ma tendreſſe pour d'Erban ! Elle
eſt évanouie, elle a fait place à
l'amitié ; il ne m'eût jamais aimée
puiſqu'il n'eſt rempli que de vous.

Surprife de ce difcours, autant
qu'on peut l'être, Lucide ne
put diſſimuler plus long - tems.
Elle apprit à Mademoiſelle Viquefore la ſcituation affreuſe où
elle ſe trouvoit par la loi qu'on
venoit de lui impoſer de donner

fa main au premier jour à quelqu'un qu'elle n'avoit jamais vû &
qui devoit arriver avec fon Tuteur & fon frere pour l'arracher à
fon azile. Elle lui conta que M.
de Boifpierre depuis le retour de
ce frere qu'il avoit cru perdu, ne
l'avoit plus regardée comme un
parti affez avantageux pour com-
battre encore fa réfiftance ; mais
qu'il la replongeoit dans un malheur auffi grand par le nouveau
mariage auquel on vouloit la forcer, & dont la feule idée la ré-
duifoit au défefpoir.

Une lettre de Mademoifelle de
Viquefore nous inftruifit de ce
détail & je ne puis dire à quel
point il m'affligea. Je fis pitié fans
doute à mon ami : c'en eft fait
(me dit-il, après avoir révé un
inftant) je m'expofe à tout pour
vous. Si Lucide y confent, de-
main je la conduis à dix lieues

chez une de mes Parentes où nous
la tiendrons cachée jufqu'à ce
qu'on ait pris des mefures pour la
fouſtraire à la barbarie de fa famille. Quant à vous (ajouta-t'il)
c'eſt une chofe eſſentielle que
vous ne paroiſſiez point à cette
expédition. Mon Pere vit à trois
lieues d'ici dans une de fes terres.
Je l'ai déja prévenu fur l'empreſ-
fement que vous aviez de le voir;
il en meurt d'envie lui-même , al-
lez-le trouver , nommez - vous ,
imaginez une raifon qui ait pû me
retenir 24 heures, je vous rejoins;
& là nous concerterons enfemble fur ce que nous aurons à faire
dans la fuite.

Pénétré de reconnoiſſance pour
une offre de fervice de cette efpéce je voulus cependant repré-
fenter à Viquefore les rifques
d'une pareille tentative ; il s'y
étoit déterminé , tout paroiſſoit

facile à fon amitié & rien ne put
le faire balancer. Il courut au
Couvent de fa fœur pour lui faire
part de fon projet. Il la charge
de lui faire dire le foir même fi
fon amie veut accepter l'azile
qu'il lui préfente, & dès-lors ils
conviennent que dans le cas du
confentement il fera porter à fa
fœur au milieu de plufieurs har-
des, un habit de Payfanne, fous
lequel Lucide pourra s'évader
aifément par une des portes dont
il va fur le champ corrompre la
gardienne.

Enfin pour ne pas étendre davantage ce recit, Lucide accepta
avec joye, l'habit fut envoyé, la
Portiere féduite & gagnée, &
dès le lendemain à l'aube du jour
Mademoifelle de Salvins heureufement échappée à fes furveil-
lantes encore endormies, fut conduite chez la Parente du meil-

leur & du plus ardent de tous les amis.

J'avois été de mon côté chez le Pere de Viquefore, comme il l'avoit exigé, & j'en avois été reçu avec toute la tendreſſe imaginable. Il ne ſoupçonnoit point alors d'autre raiſon de me voir avec plaiſir, que le bien que ſon fils lui avoit dit de moi ; je croiois moi-même ne ſentir que la douceur d'embraſſer le Pere de mon ami, & nous jouiſſions tous deux d'un bonheur dont nous ignorions la ſource.

Viquefore ne tarda pas plus à nous rejoindre qu'il n'avoit compté, & l'on ne ſçauroit comprendre avec quelle ſatisfaction il m'apprit le ſuccès de ſon entrepriſe. Il s'abuſoit cependant : quelque précaution dont il eût fait uſage, des gens du quartier avoient vû une jeune perſonne déguiſée

monter dans fa chaife en fortant
du Couvent , & par une fatalité
que nous aurions pû prévoir, Salvins & M. de Boifpierre étoient
arrivés fort peu de temps après
l'enlevement. Dans leur furprife
de ne point trouver leur Victime,
ils avoient fait le même jour les
perquifitions les plus fecrettes &
fur la dépofition de ces Voifins
que n'avoit point apperçu Viquefore , ils étoient parvenus à faire
décerner dès le lendemain un Dé-
cret de prife de corps contre lui.

M. de Boifpierre étoit trop bien
fervi pour que nous euffions pû
être informés de ce qui fe paffoit,
& nous n'eumes avis du fatal Dé-
cret que par fon exécution. Viquefore étoit feul & fans deffian-
ce à quelques pas du Château,
lorfqu'il fe vit entouré de cinq à
fix perfonnes armées qui s'affure-
rent de lui & qui l'emmenerent

avec tant de précipitation qu'il
me fut impoſſible, après en avoir
été averti, d'aller tenter avec tous
les gens de la maiſon qui me ſui-
voient, de l'arracher des mains
de cettte troupe infame.

Je ſoupçonnai bientôt la cauſe
de ce nouveau malheur. Mais que
répondre aux queſtions preſſantes
du Pere de mon ami? Que ſes inquiétudes, ſes douleurs & ſes
larmes furent d'horribles coups
pour mon cœur! J'ai donc encore porté le trouble dans cette
maiſon? (me diſois-je ſecrette-
ment) où faudra-t'il deſormais me
retirer pour ne plus aſſocier mes
Bienfaiĉteurs à la fatalité de mon
ſort? Ah! par pitié (s'écrioit M.
de Viquefore en m'embraſſant)
apprenez-moi ce qu'a fait mon fils.
Vous le ſçavez, je le vois, j'en
ſuis ſûr. Qu'ais-je à craindre pour
lui? Mon fils que j'eſtimois a-t'il

pû fe deshonnorer ? Et dois-je
toujours être le plus infortuné
des Peres ? ..... Ce qu'il a fait (lui
répondis-je en tombant à fes genoux) il m'a trop aimé ; il a voulu
me fervir & je fuis funefte à tous
ceux dont je fuis chéri. Alors je
lui racontai fans aucun déguife-
ment ce que la tendreffe de fon
fils l'avoit fait entreprendre pour
moi.... Voilà l'amour (repliqua
ce Pere infortuné) ; il eft la fource de tous les maux, il flétrit les
premiers inftans de ma jeuneffe,
il veut empoifonner mes derniers
jours. Cruel ! (ajouta-t'il en me
regardant avec bonté ,) leve-toi,
tu viens de me perdre & tu me
fais pitié.

Mr. de Viquefore partit auffitôt pour aller fecourir fon fils ;
mais il trouva dabord chez Meffieurs de Boifpierre & Salvins
bien peu d'efperance à l'accom-

modement qu'il venoit tenter :
cependant quelques amis communs qu'il avoit employés étoient
parvenus à faire confentir le Tuteur & le frere de Lucide à tout.
oublier, fi fon Raviffeur vouloit
l'époufer. On courut à la Prifon
annoncer à mon malheureux ami
ce qu'on venoit d'obtenir. Quel
fut l'étonnement de ces Négocia-
teurs lorfqu'ils virent tous leurs
foins payés par un refus dont ils
étoient bien loin de foupçoner la
générofité ! Chacun d'eux mena-
ça de tout abandonner , Viquefore ne balança pas un inftant entre
le danger qui le preffoit, & le reméde auquel on vouloit le forcer
de recourir.

Quoique M. de Viquefore le
Pere m'eût fort recommandé lui-
même de ne pas fortir de fon
Château, je ne pus y fupporter
l'idée d'un ami qu'on traitoit

comme coupable pour une légéreté qu'il n'avoit eu que par
tendreſſe pour moi. Je voulus le
voir & je n'eus pas de peine à
m'introduire en ſecret juſqu'à lui.
Ah ! Viquefore (m'écriais-je en
me jettant dans ſes bras) en quelle demeure affreuſe vous ai-je
précipité ? C'eſt pour moi que
vous êtes malheureux aujour-
d'hui. C'eſt mon crime, c'eſt mon
malheur qu'on pourſuit ſur vous.
Je viens vous rendre la liberté &
demeurer à votre place. Cette
heureuſe reſſemblance qu'on a
remarqué en nous, trompera fa-
cilement le Géolier, lorſque vous
paſſerez avec cet habit qu'il vient
de me voir. Allez Viquefore,
allez raſſurer un Pere qui ſe meurt
& laiſſez - moi dans ces funeſtes
liens achever une deſtinée qui n'a
que trop duré. Qui, moi ? (répondit Viquefore) que j'aime aſ-

fez la vie pour la payer d'une horrible lâcheté. Que je fuye fous
un nom fuppofé, & que par-là
je livre aux maux que je croirois
éviter, le plus cher de tous mes
amis? D'Erban m'eftime-t'il affez
peu pour me donner un confeil...
Qu'il faut fuivre (interrompis-je)
vous êtes innocent, & je fuis le
feul coupable. C'eft pour moi que
Lucide eft fortie du lieu de fa re-
traite. Et fi c'eft un crime (ajouta
Viquefore.) quel autre que moi
l'a commis ? Ceffez d'Erban de
me croire fi malheureux. J'ai def-
fendu l'innocence & la jeuneffe
opprimées par la barbarie d'un
Tuteur; j'ai fervi les Graces, l'a-
mour & furtout l'amitié : fongez-
vous en me plaignant que mon
cœur jouit de ce double plaifir?
Ah! S'il eft quelque trouble pour
mon ame, c'eft de fentir que j'ai
trop peu fait pour votre bonheur

& qu'on peut vous arracher encore Lucide. Cependant (ajouta-
t'il) quelque espoir commence à
naître pour nous. Ma sœur a voulu parler à Salvins : sa douleur,
ses larmes, ses attraits ont adouci
sa colere, il vient d'écrire, il tombe à ses pieds, il est rempli d'a-
mour. Que m'annoncez - vous
(lui dis-je) mon cher Viquefore
vous ne connoissez pas le cœur
dont les charmes de votre sœur
viennent de triompher. Je ne vous
l'ai peint que foiblement. Eh,
que ne peut pas l'amour? (reprit-
il) gouts, caractères, humeurs,
il sçait tout changer, il se joue de
tout en maître. Vous connoissez
ma sœur, le sacrifice qu'elle me
propose est digne d'elle : nous ne
parviendrions même pas à l'empêcher de le faire ; s'il peut nous
rendre tous heureux, je le vois
consommé.

Un

Un bruit affez étonnant fe fit alors entendre, & nous fit prêter attention. C'étoit le Pere de mon Ami qui reconnoiffant dans les Prifons un malheureux, lui demandoit avec autant de trouble que de vivacité, ce qu'il avoit fait d'un enfant qu'on lui avoit confié. Nous fortimes auffi-tôt de la chambre où nous étions, & nous apperçumes aux pieds de M. de Viquefore le Prifonnier auquel il parloit ; il nous vit, mais fans fe détourner des queftions preffantes qu'il faifoit à cet homme. Parle Scélérat (difoit-il) que devins-tu ? Que fis-tude mon fils ? A-t'il perdu la vie ? Faut-il que j'aille demander la tienne ? Votre fils ? (répondit le Prifonnier.) Oui Barbare (repliqua M. de Viquefore) c'étoit le mien : ton inhumanité m'a prefque privé du jour : parle enfin, avoue-moi ton forfait......

Part. II. E

Que fis-tu de la Victime qu'on déposa dans tes mains ?

Je ne vous cacherai rien (répondit le Prisonnier en se relevant) & voici la verité telle qu'elle est. Lorsque la femme de chambre de Mademoiselle de Brianges m'eut remis au milieu de la nuit un enfant dont j'avois pénétré malgré tous ses soins que notre Maîtresse commune étoit la mere, mon premier dessein fut de le porter en secret à un Village près de Poitiers comme j'en avois reçu l'ordre ; mais ayant malheureusement rencontré avant de sortir de la Ville un de mes amis qui me sollicita vivement de l'accompagner dans un lieu de débauche , j'eus la foiblesse de céder à ses instances. Il étoit question de se débarrasser du fardeau qui m'inquiettoit & me trouvant près d'une maison où demeu-

roit un jeune Officier que j'avois
vû très-fouvent chez ma Maîtreffe
& que je foupçonnois par-là devoir être le Pere de l'enfant, je le
dépofai à la porte de fon appante-
ment & je fuivis fans remords,
mon ami par tout où il voulut me
conduire.

Les fuites d'une querelle horrible que nous nous fîmes bientôt après dans la maifon où nous
étions allés , nous parurent fi dan-
gereufes que nous crumes devoir
nous évader à la pointe du jour.
Quel moyen d'ailleurs de repa-
roître chez Madlle. de Brianges !
J'abandonnai donc une Ville d'où
tant de craintes me chaffoient, &
vous jugez par-là que je ne puis
avoir aucune connoiffance de tout
ce qui s'eft paffé depuis par rapport à l'enfant de ma Maîtreffe.
Et quel étoit ce Militaire ? (inter-
rompit M. de Viquefore) il étoit

de votre connoiffance (répondit le Prifonnier) il fe nommoit Salvins.

A ce nom, un frémiffement me faifit. O Ciel ! (m'écriais-je) qu'entends-je ? Ah Mr. (ajoutais-je en m'adreffant à M. de Viquefore) vous fçavez l'année, le jour de cet évenement , daignez de grace m'inftruire. Il jette les yeux fur moi, me répond & me voit tomber à fes genoux , les embraffer en lui donnant le tendre nom de Pere ; il me tendoit les bras , des pleurs couloient de fes yeux, mais il ne pouvoit parler. Il fallut le foutenir & l'amener dans la chambre de fon fils qui m'embraffoit en filence & qui me noyoit de fes larmes.

Dès que Monfieur de Viquefore fut un peu remis ; je lui dis ce que j'avois appris de mon expofition chez Meffieurs de Salvins. A chaque mot il me ferroit plus étroitement. Oui, vous êtes mon fils (s'écria - t'il en recouvrant la parole) & la voix de la nature , plus fûre encore que les faits , femble me le dire à chaque inftant depuis que je vous vois. Viquefore , reconnois ton frere (ajouta-t'il en me tournant vers lui.)

La douceur infinie de ces heureux moments ne fçauroit fe peindre. Je ne paffois des bras d'un frere que pour me rejetter dans ceux du plus vertueux des Peres , & je le repetai cent fois alors ; les Dieux n'avoient pû me faire trop acheter le bonheur dont je jouiffois.

Monfieur de Viquefore fufpendit nos tranfports par le recit qu'il nous fit de ce qui avoit précédé ma naiffance. Amant chéri de Madlle. de Brianges , il n'avoit pû obtenir le confentement du Pere de cette Demoifelle. Mad. de Brianges plus tendre pour fa fa fille & mieux difpofée pour lui, favorifoit au contraire un amour qui n'avoit qu'un but légitime, mais qui s'étoit laffé d'attendre de la part du Pere un aveu néceffaire.

Mademoifelle de Brianges s'étoit bientôt trouvée dans un état dont il avoit fallu reparer la honte, & fa Mere s'étoit hâtée de faire fecrettement célébrer fon mariage en préfence de tout ce qu'elle put réunir de Parents paternels & maternels, perfuadée que fon Epoux confirmeroit enfin cette union devenue indifpenfable. Ma naiffance qu'à force de foins on avoit dérobé aux yeux de ce Pere avoit cependant précédé fon confentement.

Il n'avoit pas été poffible de

cacher long-tems à ma Mere ni
la fuite du Domeſtique auquel
j'avois été confié, ni les incertitu-
des où l'on étoit ſur mon ſort, &
ce coup affreux pour ſa tendreſſe
avoit fait tout appréhender pour
ſa vie. Mad. de Brianges déſeſ-
perée crut devoir confeſſer alors
à ſon Mari ce qu'elle avoit fait,
pour le forcer de confirmer le
mariage ſecret de ſa fille, & par-
là ſauver ſes jours, s'il étoit poſſible. Monſieur de Brianges atten-
dri par le danger de perdre le ſeul
enfant qu'il eût, avoit tout accordé; il avoit hautement reconnu
mon Pere pour ſon Gendre; mais
ce reméde avoit été ſans fruit.
Ma Mere avoit perdu le jour en
me demandant aux Dieux, qui
ſans doute l'avoient punie d'une
foibleſſe que ni le conſente-
ment de ſa Mere ni l'excès même de ſon amour ne pouvoient

justifier affez aux yeux de la vertu.

Voilà ce que M. de Viquefore me raconta auffi rapidement
que les fanglots & les larmes
dont il entrecoupoit malgré lui
fon recit, purent le lui permettre : le fecond mariage qu'il avoit
contracté, n'avoit jamais pû lui
faire totalement oublier ma déplorable Mere. On fçait ce qu'un
premier amour accompagné de
circonftances auffi cruelles laiffe
de traces dans les plus belles ames.

Nous avions été jufques-là fans
nous appercevoir du trifte lieu de
la fcéne touchante qui venoit de
fe paffer; mais l'interêt de mon
frere me ramena le premier à
cette idée. Nous ne nous occu-
pames plus que des moyens de
faire finir fon odieufe détention.
Monfieur de Viquefore avoit été
inftruit par fa fille de l'efpérance

dont elle fe flattoit de nous rendre tous heureux,quoiqu'il dût lui
en couter & c'étoit cette nouvelle
qu'il étoit venu apporter à fon
fils qui en étoit déja informé comme on l'a vû.

J'appuiai fort fur le danger
d'immoler ma fœur à notre fort,
par un mariage qu'il ne falloit re-
garder que comme une derniere
reffource. Monfieur de Viquefore fut de mon avis, quelque
empreffement qu'il eut de voir
fon fils en liberté , & refolut d'aller tenter encore un accommodement qui ne coutât point de fa-
crifice à fa fille.

Ce fut envain qu'il me propofa
de fortir avec lui de la Prifon, je
ne voulus plus abandonner mon
frere & mon ami ; j'étois la caufe
de fes malheurs , je voulus au
moins les foulager en les parta-
geant. Tout ce qu'on put me di-

re à cet égard fut inutile, je fis
ferment de ne point revoir la
Ville fans mon cher Viquefore.

Lucide cependant inftruite de
ce qui avoit fuivi fon évafion
avoit exigé de la perfonne à laquelle elle avoit été confiée,
qu'elle la ramenât dans un autre
Couvent de la Ville où nous
étions. Viquefore en reçut la
nouvelle par un billet qu'elle lui
fit tenir. Elle fe reprochoit avec
amertume d'avoir été la caufe de
fon malheur & le conjuroit de
l'informer de ce que j'étois devenu.

Mon ami vouloit que je for-
tiffe, & que j'allaffe me préfenter à elle, pour lui faire part du
bonheur que j'avois eu de retrouver un Pere ; mais je voulus
tenir ma parole, & ce fut affez
pour moi de me charger de la ré-
ponfe qu'il avoit à faire.

Je n'étois plus indigne de Lucide, je ne voyois plus Madame
de Salvins entre sa fille & moi,
je pouvois sans rougir parler de
mon amour, je me livrai donc
enfin à tout le sentiment qui rem-
plissoit mon ame.

Jamais on ne montra de joye
plus vive que celle que me témoigna Lucide sur le bonheur
que je goutois d'avoir trouvé un
frere dans Viquefore ; son cœur
s'étoit ouvert comme le mien, &
cette tendresse qui avoit presque
été son premier sentiment, brilloit
toute entiere dans la réponse
qu'elle me fit.

Il ne manquoit à ma félicité
que de voir finir à Monsieur de
Viquefore l'accommodement
qu'il sollicitoit avec toute la
chaleur imaginable ; mais le nouvel amour de Salvins étoit devenu notre principal obstacle ; il ve-

noit de se déclarer ouvertement
& ne consentoit à m'accorder sa
sœur qu'aux conditions d'épouser
lui-même Mademoiselle de Viquefore. Son orgueil blessé de
la difficulté qu'on faisoit à cet
égard, l'avoit même porté à ne
donner que trois jours pour se
déterminer à conclure, ou pour le
voir renoncer à toute espéce de
conciliation.

Monsieur de Viquefore avoit
vû sa fille, qui sans amour & seu-
lement par un effort d'amitié
pour ses freres & pour Lucide
sollicitoit elle-même un mariage
qui fut enfin resolu, & qui nous
rendant à tous la liberté, alteroit
(du moins à mon égard) le bonheur dont j'allois jouir.

Ma première démarche fut de
courir chez Salvins dont les embrassements me parurent moins
froids que je ne le craignois. Il

m'appella fon frere en me ten-
dant les bras. Oui Salvins (lui
dis-je en m'y précipitant) oui
vous allez le devenir ; mais foyons
plus encore , foyons toujours
amis, & fongez que vous allez
vous unir à la perfonne la plus
eftimable que le fort ait pû vous
offrir. Ses charmes ont frappé
vos yeux, que fon merite réel
puiffe bien pénétrer votre cœur,
qu'elle foit toujours heureufe
avec vous.

J'eus lieu d'être fatisfait de
tout ce que Salvins me répondit
là-deffus ; il aimoit ardemment,
& je crus que ma félicité feroit
pure. On annonça bientôt Lucide qu'accompagnoit le généreux
Viquefore. Quel moment pour
mon ame ! De quelle douceur
fut-elle remplie ! Salvins après
l'avoir embraffée eut la générofité de me la préfenter lui-mê-

me. Lucide & moi ne pumes nous parler dabord ni l'un ni l'autre ; notre faififfement étoit égal & nous n'apprimes que dans nos yeux tout ce que nous avions à nous dire.

Monfieur de Viquefore s'occupoit de fon côté des apprêts du double mariage qu'il avoit à faire, & bientôt Salvins & moi nous fumes les hommes les plus heureux de la terre.

Depuis quatre ans je vis dans le bonheur le plus parfait. Je ne demande aux Dieux que la vie la plus longue, pour donner l'exemple de l'Amour le plus durable. Viquefore vient de fe marier avec une perfonne digne d'être l'amie de mon époufe & de celle de Salvins. Je ne puis mieux faire fon éloge. Quelle fociété nous formons ! Quelle chaîne de jours fans nuages ! &

les charmes de la tendreſſe & les douceurs de l'amitié tout ſe réunit en notre faveur. Ma ſœur eſt peut être la ſeule qui ne ſoit heureuſe que par la derniere, Salvins le cruel frere de Lucide a déja l'air d'un inconſtant, mais ſon Epouſe nous raſſure, notre bonheur lui ſuffira toujours. Eh, peut-on ne l'en pas croire ? C'eſt elle qui nous l'a procuré.

F I N.

Imprimé en France
FROC031212230919
22213FR00020B/371/P

9 782329 320380